격렬비열도

실천시선 233
격렬비열도

2015년 5월 7일 1판 1쇄 찍음
2015년 5월 14일 1판 1쇄 펴냄

지은이 박후기
펴낸이 김남일
편집 이호석, 박성아, 이승한
디자인 김현주
관리·영업 김태일, 박윤혜

펴낸곳 (주)실천문학
등록 10-1221호(1995.10.26)
주소 서울특별시 마포구 월드컵로10길 48 501호(서교동, 동궁빌딩)
전화 322-2161~5
팩스 322-2166
홈페이지 www.silcheon.com

ISBN 978-89-392-2233-5 03810

이 시집은 2014년 서울문화재단의 지원을 받아 제작되었습니다.

이 도서의 국립중앙도서관 출판시도서목록(CIP)은 e-CIP홈페이지(http://www.nl.go.kr/ecip)와
국가자료공동목록시스템(http://www.nl.go.kr/kolisnet)에서 이용하실 수 있습니다.
(CIP제어번호:CIP2015012386)

실천시선 233

격렬비열도

박후기

실천문학사

차례

제1부

제2부

제3부

제4부

밥이 되고 남은 것들이

겨우 시가 되기도 합니다

제1부

격렬비열도

격렬과
비열 사이

그
어딘가에
사랑은 있다

간

아버지는 침묵했다
병 앞에서
간처럼 침묵했다
아버지 등 뒤로
죽음 몰래 다가설 때마다
위험하다고 툭툭
등 두드리던 기침, 소리
침묵하는 간

심장과 엄마는
언제나 혼자 뛴다
약을 사러 갈 때도
약을 먹여야 할 때도
두근두근 울먹울먹
혼자만 서두른다
아버지,
여전히 침묵하는 간

심장은 간 옆에 있지만
피(血)는
간에 닿기 위해
먼 거리를 돌아가야 한다
엄마는 왜 날마다 병든
아버지 곁으로 돌아오는가
심장을 떠난 피는 어떻게
발끝까지 흘러갔다
간으로 되돌아오는가

집 나간 자식들은
아버지 몸속을
흘러 다닌다 매일
변두리 혈관을
돌고 돌지만 다시
집으로 돌아가지는 않는다

죽은 아들은
아버지 몸속에서
그대로 죽은피가 되었다

아버지 누운 볼기 아래
슬그머니 욕창이 슬었다
일을 마치고 돌아온 엄마가
몸을 씻겨줄 때
자꾸만 커지는 아버지 음경
자꾸 커지는 엄마 한숨 소리
여전히, 침묵하는 간

시인들

—이시카와 다쿠보쿠*를 생각함

스물여섯 살, 요즘 같으면 막 무언가를 시작할 나이. 이시카와 다쿠보쿠에겐 가난과 각혈로 얼룩진 생이 이미 끝나버린 때. 죽기 전, 힘겹게 구한 5엔을 손에 쥐고 밥을 먹는 대신 꽃집에 들러 1엔어치 목련과 1엔짜리 꽃병을 샀다는 시인.

목련과 선동가는 다르지 않습니다. 바닥에 떨어진 꽃잎과 선언을 다시 주워 담을 수 없기 때문입니다. 시인은, 다릅니다. 바닥에 떨어진 목련의 혈담(血痰)과 내려앉은 새들의 투병과 4월의 선동을 밥그릇보다 먼저 시라는 꽃병에 주워 담습니다.

그러나 결핍을 모르는 시인은 모자 속에서 시를 만들고 호주머니 속에서 악수를 준비합니다. 그러므로 밥이 되고 남은 것들이 겨우 시가 되기도 합니다.

---

* 石川啄木(1886~1912), 일본의 시인.

바람 인형

사는 게 이벤트야
바람이 아니었다면,
쓰러진 몸 일으켜 세우는
저 바람이 아니었다면
속 빈 내 몸이 어떻게
당신들을 향해 손 흔들 수 있었겠어
누군가를 향해 손을 흔드는 건
영혼의 구조 신호 같은 것
손을 흔들면, 밤하늘의 별들처럼,
차갑지만 곧 따뜻해질 수 있을 거야
자, 흔들어
살아남으려면 몸을 흔들어야 해
흔들다 보면 살(肉) 자루 하나 가득
기쁨이 부풀어 오르다
갑자기 주저앉곤 하지
주저앉은 기쁨이 슬픔이야
있는 힘 다해 춤을 추는 슬픔,

기약 없는 초대장을 들고
흔들면서 흔들리면서 바람 같은
시간을 소비하는 게 인생이야
남자는 여자의 자루를 빌려
내세를 소비하고,
여자는 자루 가득 꿈을 부풀리는 일에
정성을 소비하곤 하지
죽으나 사나 어차피 제자리걸음,
무릎 꿇지 않으려면
바람의 뼈를 이식받아야 해
그리고 겨울이 오면
트리 끝에서 명멸하는
알전구라도 끌어안으며
내일을 생각해야 해
주저앉으면, 끝이야
그게 죽음이야
그러니 사랑 결혼 취업 재혼 개업

쉼 없이 이벤트를 벌여야 해
배알도 없이,
정신없이 흔들리면서 우리는

폐결핵

날은 어둡고,
가는 비 내리고 가는귀먹는다

가는 비에 뒤척이는 젖은 꽃잎,
골방의 한숨 섞인 수음처럼
납작 엎드린 채 부란(腐爛)*하다

음란하지 않고서는 견딜 수 없는,
비 내리는 날
아무도 없는 집

---

* 썩어서 문드러짐.

동백, 대신 쓰는 투병기

죽은 사람들의 마지막 계절에 대해 생각해
가을에 태어난 아버지는 가을에 죽었고
봄에 태어난 형은 봄에 죽었지
부지불식간, 꽃 피는 순서는 있어도
꽃 모가지 떨어지는 순서는 없다지

묘역을 공원이라 부르니
죽음이 더욱 친밀해지더군
동백 무덤, 언 땅을 파지 않아도
죽음은 꽃 구덩이에 파묻히지
바다로 가는, 걷고 싶은 죽음의 둘레길
산다는 게 죽음의 둘레만 빙빙
돌다 가는 일인지도 몰라

사랑은 피어나는 순간
종말이란 걸 알아야 해
그러니 서로 살 섞기 직전까지 간직해온

붉고 짙은 설렘만 주고받기로 하자
우리 언제나 사랑의 도입부에만 머무르며
아, 꽃 피기 직전의 떨림으로 추락을 맞이하자

언 땅 위에서 자고 일어나면
봉오리가 부어올라 눈을 뜰 수가 없어
얼굴에 화색이 돌지 않는다고 걱정하진 마
꽃이 색을 기억하는 건
얼굴 표정이 그대로 여물어서.
씨앗이 되었기 때문이야

다음 생의 겨울엔
곱은 두 손으로 얼굴을 비비면
흐릿한 연기와 함께 훅, 하고
불이 피어오르는 그런 저녁이 어디선가
나를 기다리고 있었으면 좋겠어
집 나간 엄마를 기다리는 밤,

불안과 다투는 시간이 짧았으면 좋겠어

한때 떨어진 꽃잎을 주워 담아
소쿠리 가득 내게 주던 엄마는
이제 소쿠리 하나 가득
박하사탕을 담아 내게 건네주지
세상에 아름다운 요양원은 없어
툭, 하고 지나간 세월
바람의 보조금에 매달려
겨우 목숨 부지하는 시든 꽃들
얼음장 위에 버려진 꽃들에게
혈색을 묻는 안부 따위가 다 무슨 소용이람

문 열지 않으면 문밖은 없어
문 열지 않으면 너밖에 없어
문 열지 않으면,
문을 열지 않으면

그러니까

징그럽게 눈 뜨고

힘닿는 데까지 살아야 해

부탁이야

호버링*

1

벌들은 왜
벌집 구멍 앞에서
멈칫거리는가

2

아빠, 안 들어가고 뭐 해?
어디선가 나타난 딸이
등 뒤에 대고 묻는다

나는 가끔
대문 앞에 서서
머뭇거릴 때가 있다

잔잔한 물 위에
파문을 일으키며 잠시
고민에 잠긴 헬리콥터처럼,
나는 무엇을 망설이는가

3

호버링,
땅 위에 주저앉지도 못하고
하늘 멀리 날아갈 수도 없는
어정쩡한 나이가 있다

정중동(靜中動)의 사내여,
서러운 공중부양이여
서글픈 가족부양이여

중년의 헬리콥터가
굳게 잠긴 대문 앞에서
갸우뚱거린다

4

집을 나설 때가
집으로 돌아올 때보다
더
홀가분할 때가 있다

---

* 헬리콥터의 정지 비행을 이르는 말.

시인 클럽

영하의 겨울밤, 지하 술집에 앉아 병뚜껑을 딴다. 할렐루야*를 들으며, 시에게 너무 많은 것을 실토하지 말자고 다짐한다. 술을 마신다. 곪아 터진 상처에 과산화수소를 부었을 때처럼, 병 끝에서 맥주 거품이 부글거리며 흘러내린다. 기다렸다는 듯이 뛰쳐나오는 눈물 같은 것이 유리의 볼을 타고 흘러내린다. 나는 피가 흐르는 손가락을 빨듯 부글거리는 상처를 핥는다. 상처 속에서 시가 반짝인다. 밤의 피곤한 육신을, 타드는 영혼을 질료 삼아 임계점까지 끌어올리는 일을 시 쓰는 일이라고 하자. 지하 술집에서 나는 끝없는 논쟁에 지쳐간다. 이대로 바깥세상을 잊고 살았으면 좋겠다, 고 생각하다가 카타콤을 떠올린다. 죽음은, 얼마나 지루한 시간의 반복을 견디는 일이냐! 그래, 어둠의 임계점까지만 견디자. 그때까지 밤새도록 시의 뚜껑이나 따자고, 너와 나는.

---

* 〈Hallelujah〉, 미국 가수 제프 버클리(Jeff Buckley)가 부른 노래.

북역

강원도의 입구는 어디인가
어느새
광장은 극장으로 바뀌었다

우리는 이제
광장에서 손 흔드는 대신
극장에서 은밀하게
열정을 탕진한다

어디로든 떠나고 싶다면
당신은
광장을 허물고 들어선
백화점을 통과해야 한다

옷을 벗지 않아도
자랑을 삽입할 수 있다니,
얼굴 없는 마네킹 한 쌍이

지하도 입구에
미라처럼 서 있다

제복을 걸친 노인들은 광장에 모여
식민지의 대를 이어가고,
버림받은 청춘들은
아주 버려지기 위해
북역으로 떠나간다

전방은 어디인가요?
입을 틀어막은 야포가
열차에 실려 북쪽으로 달려갈 때,

여기가 삶의 후방인가요?
음부를 찢긴 창녀가
성바오로병원으로 실려 간다

사북, 고한, 태백
표 끊고 죽으러 가는 저녁 눈발

나는
북역을 북녘으로
잘못 읽는다

한밤의 조문

신장 팝니다. 대학병원 장례식장 화장실, 앙상한 볼펜 글씨 벽에 기대어 간결하게 몸을 팔고 있다. 누군가 근친의 죽음을 들여다보러 왔다 변기에 앉아 제 슬픈 처지만 들여다보고 갔나 보다. 앓다 죽은 자 이제야 아픈 줄 모르고, 살아남은 자들 자기가 지닌 병명을 하나씩 꺼내 부르며 죽은 자를 위로한다. 모두 똑같은 얼굴의 조화, 죽음의 복도에만 피는 꽃을 만지며 나는 가장 느린 걸음으로 화장실에 다녀온다.

저녁 비

산다는 건 생각을 쫓는
생각 사냥꾼의 여정이다
언제나 나는 결정적 순간에 넘어져
눈앞의 표적을 놓치고 마는 것이다

생각한 것을 기어이 몸으로
살아내야 하는 것은 아니지만,
나는 단 한 번도
생의 과녁을 뜨겁게
명중시킨 적이 없다

세상은 너와 나의 인간극장,
불안이 내 안에 등장할 때마다
뻐저린 배경 음악을 깔고 싶다
소문은 음악처럼 들려오고
사랑은 혜성처럼 등장한다

저녁; 비닐우산이 늦은 비의
감정을 또박또박 받아 적는다
몇 번은 격정적으로,
또 몇 번은 결정적으로 왔다 가는
빗줄기 혹은 사랑에 대하여
나는 생각한다 그리고
더 이상 오지 않는 너를
…… 생략하기로 한다

사랑과 슬픔 속에서
말이 필요 없는
한순간을 갖고 싶다

박제들

박제사들은 칼 대신 구더기를 이용해 짐승의 뼈에 달라붙은 살점을 말끔하게 처리한다

1

아파트에 박제가 산다
박제들은 두 눈을 부릅뜬 채
벽에 기대어 텔레비전을 보거나
가죽 소파에 드러누워
털끝 하나 꼼짝하지 않는다
박제는 눈물을 흘리지 않는다
피도 눈물도 없는 조용한 가족이
시추에이션드라마의 소품이 되어
아파트에 모여 산다

2

때가 되면
박제들은 늙은 부모를
박물관에 보내버리고,
박제사들은 구더기를 이용해
늙은이의 살점을 발라낸다
모골(毛骨)만 남은 노인들이
가슴에 이름표를 붙인 채
진열장에 누워 있다

3

누나가 시청 일용직 채용 면접을 보던 날;

봉제 공장에서 일한 적 있다고 했나요? 나도 청계천에 전시될 인간들을 박제로 만들어봤지만, 박제가 사람을 속이는 것은 아니지요. 중국 사람의 절반은 박제라는데, 정치인들은 그런 유권자들을 수입해서 쓰고 싶어 해요. 어쨌거나 취업을 하고 싶다면 당신은 박제가 되어야 합니다.
—면접관이 누나에게 말했다

4

자목련 한 그루가
주차장 담벼락에 입을 대고
피를 토한다

거봐,
꽃은 아무 곳에도 쓸모가 없어요
서울 사람들처럼,
꽃과 나무도 아예
박제로 만들어버려야 한다니까

—자기 몸을 스스로 박제하며 아버지가 말했다

외곽

벌들의 주둥이는 결코
비밀을 지켜내지 못한다

다가구 벌집 주택
아래위층의 궁핍을 서로
궁금해하진 않았지만,
날마다 목사를 만나러 가는
엄마의 간절함에 대해서는
모른 체하지 않았다

밀봉된 가난은
운명을 격리시킨다
벌들을 독 안에 가두는 우연,
우연을 가장한 격리는
가장 손쉬운 벌집 건축법이다
아이들은 윙윙거리며
비극을 나누어 갖는다

벌들의 음성으로 내려앉는
먼 자동차 소리,
너무 먼 자동차, 소리
어쩌다 열리는 창문
자꾸만 창틀 아래로 타락하는 꿈
달콤한 설탕물을 빨아대며
밀랍 인형들은 가짜 꿈을
달게 꾸었다

아래윗집 사정은
아무래도 좋았다
늦은 밤
아버지가 돌아와
꿀물이 흐르는 허벅지를
머리맡에 내려놓기 전까지,
외곽에서

우리는 잠들고 싶지 않았다

눈먼 자들의 도시*

을지로3가 일식 횟집에 내걸린 과메기들, 하나같이 눈이 멀었다. 나일론 줄에 눈을 꿰인 채 줄지어 앉은 사람들, 아가미 벌려 술을 들이켠다. 어차피 우린 피도 눈물도 없는 몸, 타인의 눈물이라도 마셔줘야 하지 않겠는가. 낄낄거리며, 술잔에 담긴 참치 눈물을 나누어 마신다. 양복 단추를 열어젖히자, 과메기들 배알도 없다. 그렇게, 서울이라는 도시에서 살아남기 위해서, 그들은 스스로 눈을 찔러 눈먼 자가 되었다.

---

* 주제 사라마구(Jose Saramago)의 소설 제목.

거짓말쟁이 미군과 고장 난 창녀*

나는 버려진 잎입니다
너무 늙어버린 창녀, 나는
기지촌 철조망에 매달린
마르고 검은 잎
당신들은 더럽게만 여길 뿐
아무 말도 하지 않습니다

다정했던 미군은
내가 시들자마자
나를 버렸습니다
부는 바람이 일러주는 대로
시간의 뒤를 밟아
겨우 집에 돌아와보니
내 몸은 이미 늙어버렸고,
이번엔 당신들 문 앞에
쓸쓸하게 버려지네요

젖고 더러운 잎,
청춘의 잎맥은 끊긴 지 오래
아픈 몸 길 밖으로
내던질 수도 없어 나는
멍자국처럼 검게
방바닥에 들러붙습니다

고장 난 창녀,
쉽게 부서지고 쉽게 버려지는 여자,
한 번 지면 그뿐인

나는 당신들이 버린 잎인가요?
나는 당신들이 부린 잎입니다

---

* 이루마 히토마(入間人間)의 소설 「거짓말쟁이 미 군과 고장 난 마짱」 제목 패러디.

우리들의 중세

맨 처음,
죽은 자의 무덤에 돌을 얹고자 했던
인간의 마음을 헤아린다

가슴에 무거운 돌을 얹었으니,
더 이상 죽음을 피해
달아나지 말라는 당부였을까?

가슴에 돌처럼 무거운 손을 얹으며,
교황은 아침 늦게 광장에 도착했다

교황이 머문 며칠 동안
해가 지지 않았으나,
어둠 또한 사라지지 않았다

성문은 굳게 닫혀 있었고,
성의 여왕은 말문마저 닫은 채

연대기적 패륜의 완성에 몰두했다

소년 소녀들은 제물이 되어
바닷속으로 던져졌고, 그들은
다시는 집으로 돌아갈 수 없었다

딸을 잃고 말을 잃은
한 소녀의 아버지가 광장 구석에서
돌베개를 베고 미라가 되어갔다

여왕의 힘센 정부는 소문대로
그녀의 임시정부였으므로,
무너지는 나라 안에 검은 음모만 무성했다

산 채로,
인간을 매장하던 시절이 있었다

제2부

복서 2

지구의 스파링 파트너라는 생각이 드는 순간,
삭월(朔月)의 눈앞이 캄캄해진다

아들 3은 실업자,
나비처럼 날아도 벌처럼 쏠 데가 없다
오늘도 집 안을 겉돌며 눈치만 살핀다

꼭두새벽 집을 나서는 엄마는
정류장까지 로드워크를 한다
아버지가 녹아웃된 후
대신 엄마가 장갑을 끼고 매일
지옥의 링 위로 올라간다

아들 3은
품속에 카운터블로를 숨긴 채
결정적인 순간이
오기만을 기다린다

달과 엄마처럼
숨죽이며 참고 견딘다

탐색전이 지나치면
식구들의 야유를 받는다
나가 싸우지 않는 아들 3을 향해
아들 1이 경고를 보낸다
도대체
누가 적(敵)인지 알 수 없는 세상이다

사랑했다고 치자,
아들 1과 한 여자가
링 위에서 엉겨 붙는다
사랑도 결국
사람과 무관한 일이 되어버린다

때리는 자와 맞는 자,

누구를 위하여 종은 울리나?
그로기 상태에 빠진 생이여
너에게 확,
수건을 던지고 싶다

오빠

오빠는 시간 강사,
몰락한 집안의 기둥이다

경기가 없는 날에도
어김없이 도서관에 들러
무거운 책을 상대로
가볍게 몸을 풀어주는 오빠는
주먹보다 입이 세다

지방 원정 경기도 마다하지 않는
오빠가 믿을 것은
맷집밖에 없다

맞아도 맞아도 쓰러지지 않는 아들,
맞아도 맞아도 돌아서지 않는 애인,
맞아도 맞아도 도망치지 않는 오빠의
터진 입술이 붉은

꽃망울을 터뜨릴 때,
엄마가 운다

싸움을 기다리는 시간이
막상 싸우는 일보다 더
막막하고 두렵다는 것을
대기실에서 청춘을 보낸
오빠는 알고 있다

늦은 밤,
취한 주먹을 툭툭 허공에 던지며
문을 열고 오빠가 등장한다

아르바이트 소녀

나는 아르바이트 소녀,
24시 편의점에서
열아홉 살 밤낮을 살지요

하루가 스물다섯 시간이면 좋겠지만
굳이 앞날을 계산할 필요는 없어요
이미 바코드로 찍혀 있는,
바꿀 수 없는 앞날인걸요

어느 날 갑자기 사라졌다
봄이 되면 다시 나타나는
광장의 팬지처럼, 나는
아무도 없는 집에 가서
옷만 갈아입고 나오지요
화장만 고치고 나오지요

남자 친구도 아르바이트를 하는데요,

우린 컵라면 같은 연애를 하지요
가슴에 뜨거운 물만 부으면
3분이면 끝나거든요

가끔은 내가
아르바이트를 하러 이 세상에 온 것 같아요
아, 다음 생엔
최저인간을 보장받고 싶어요

복서 연대기

틈을 노려라,
파고들지 않으면 살 길은 없다

아버지는 내게 세상을 파고드는
인파이터가 되라고 주문했다

엎질러진 물처럼 나는
틈만 보이면 깊숙이 파고들었다

벽 속으로 들어가 벽이 되었고
링 안으로 걸어 들어가
인생에 등 보이지 않았다

섀도복싱을 하면서
스스로에게 주먹을 날릴 수는 있었지만
거울 속의 제 몸을 끌어안지는 못했다

세상은 틈으로 만들어진 퍼즐,
모든 벽이 틈으로 보이기 시작했다

나는 갈라진 벽이 되어 무너져 내렸고
터진 퍼즐이 되어 쏟아져 내렸다
아웃파이터로 살고 싶었지만
치고 빠지는 것이야말로 비겁한 짓이라고
아버지가 말했다

나는 아웃사이더가 되어
고장 난 인공위성처럼 지구를 겉돌았고,
아버지는 세상의 스파링 파트너로 살다가
어느 날 갑자기 땅속으로 꺼져버렸다

누나

누나는 라운드 걸,
이력서를 들고
링 위에 올라가 춤을 춘다

게임은 비정기적이고
누나는 비정규직이다

배가 고픈 건지
아픈 건지 몰라서
소년이 운다

소년은
빵과 약을 함께 먹는다

누나는
빵과 욕을 함께 먹는다

목련 출처

이혼한 엄마가
혼자
홑이불 속으로
들어간다

누에처럼,
혼자
생사를 헤집고
들어간다

주인집 창틀에 누워
혼자
봄내 고독을 견디는 일만
남았다

피자 배달 소년 표류기

풋워크가 경쾌해야
멀리 갈 수 있다
오토바이 발소리는 가볍고,
나는 눈에 불을 켜고
같은 길을 돌고 돈다
가장 멀리 가는 자가
가장 늦게 돌아온다
돌아오면 언제나 같은 자리,
좀 더 빨리 움직이라고
링 한복판으로 등을 떠밀며
칩 세컨이 소리친다
이블 크니블*처럼
길을 막는 택시를
뛰어넘을 수는 있어도
가난을 뛰어넘을 수는 없다
착지가 불안한 게
많이 배우지 못한 탓은

아닐 것이다
세상은 둥근 피자 한 판,
나누고 쪼개도 어차피
내 몫은 아니다
그래도 징글벨,
빵을 싣고 달리는 기분은
상쾌도 하다
속도는 내가 가진 최후의 아이템,
뜨거운 피자가 식기 전 나는
어둠과 눈발을 뚫고 쏜살같이 달려가
제야의 초인종을 울려야 한다

---

* Evel Knievel(1938~2007), 미국의 오토바이 점프 스턴트맨.

박제사들

어차피, 정신은 내장과도 같은 거야. 그러니까, 하나도 남김없이 긁어내버려야 해. 썩을 건 썩어야 비로소 썩지 않는 것들만 남게 되는 거라고.

—사장(社長)이 자신의 배를 가르더니 방부 처리된 돈다발을 집어넣고는 다시 꿰매기 시작했다.

사랑은 썩어 문드러져도 돈은 썩지 않아. 할 수만 있다면, 애인의 배를 가르고 싶어. 유산(流産)된 사랑을 꺼내고 자궁 가득히 돈을 채울 거야. 돈이 돈을 낳는 거지.

—시장(市長)이 멀쩡한 여자의 배를 가르더니 자궁 속을 돌덩이로 채우기 시작했다.

저 사쿠라들을 좀 봐. 꽃들이 이자 놀이 하는 모습은 얼마나 아름다운가. 하긴, 자기가 박제인 줄도 모르고 살아가는 인간들보다 떠나야 할 때를 알고 엉덩이 툭툭 터는 꽃잎들이 훨씬 더 인간적이긴 하지.

—의장(議長)이 윤중로에 떨어진 벚꽃을 봉투 한가득 쓸

어 담고 있었다.

중3

배가 고프면
담배 연기로 도넛을 만들어 먹지

굳게 잠긴 천국의 문을
누구나 열 수 있는 건 아니어서
옥상 문 앞에 선 나는
고단한 계단처럼
자꾸만 흘러내리곤 해

아빠와 이혼한 엄마가
집을 나가자마자
또 다른 엄마가
빨간 드레스를 입고
거실에 활짝 피어났지

아빤 벌처럼 붕붕거리며
온몸에 꽃가루를 묻히느라

정신없지만, 상관없어
어차피 피는 꿀보다 진하니까

내가 외로운 건
돈을 모을 수 없기 때문이야
가질 수 없는 게 너무 많아서
빈주먹을 찔러 넣으면
빈주머니가 빵빵하게 부풀어 오르지

그렇다고 봉숭아 씨앗처럼
무턱대고 불만을 터뜨리진 않아
그런 게 다짐이거든

아름다운 새엄마 등 뒤에서
나는 늘 궁금해하지
왜 모든 씨앗들은 숨죽이며
주먹을 말아 쥐고 있는가를

다른 이름으로 저장하기

—어느 시인의 장례식

죽음도 저장의 한 방식,
땅속이든 불구덩이든 온전한
죽음으로 저장되기 위해서는
뼈만 남아야 한다

구릉의 무덤가 비석도
앙상하게 뼈만 남았다
지워진 비문엔
달랑 이름 석 자,
그마저 흐릿하여
음각에 고인 빗물이
잠시 머물다 갈 틈 없다

시인이 죽었다
묵은 향이 뼈를 사르며
절을 하듯 고꾸라진다
죽은 시인의 시에서

약 냄새가 난다
시인의 향기만 남았다

시구에 불 들어간다
화장장 전광판에 명멸하는 이름처럼
시 또한 뼈만 남아야 한다

화부가 시인의 뼈를 추스른다
뼈만 남은 언어를 추스른다
모든 수사가 사라졌을 때,
죽음이 비로소 간결한
제 모습을 드러내고 있다

원정

사는 게
원정(遠征)이다

살림은 위독하고,
당신에겐 하루하루가
마지막 회(回)다

한낮의 버스 터미널,
한 사내가 짐을 꾸려
버스를 기다린다

꾸린다는 말은
살짝,
비장감이 스며 있어 좋다

짐을 꾸리고
살림을 꾸리는 일은

기쁘고 또한 서글프다

주섬주섬 꾸려지는 생이여
남루 몇 벌,
다짐 한 주먹,
좌우명 한 줄 꾸리고 가자

꾸리자, 꾸리자
그러나
끓진 말자고 말하는 감정이
버스를 기다린다

목련 하차

한 그루,
목련 가족이
수건돌리기를 한다

나도 모르게
바닥으로 떨어지는 슬픔
누구나 술래가 되는
생의 언덕 위에서

돌아앉은 식구들,
나무의 등 뒤로 떨어져
살(肉) 위의 딱지처럼
서로 포개지는 감정과

이마를 쪼개는 발열
비극은 언제나 태양의
등 뒤에 숨어 있다

도망치던 누나가
뒷덜미를 잡힌다
가장 먼저 고꾸라진 아버지가
흙바람 속에 얼굴을 묻는다

가지 끝엔 사다리가 없다
눈감고 뛰어내리는 순백,
도일체고액(度一切苦厄)*
꽃이 진다

우리 가족은 모두
다음 생을 놓친 게
분명하다

---

* 반야심경의 한 구절로, 일체의 고통과 액난을 건넌다는 뜻.

호모 텔레비전 사피엔스 1

흉내 내고 싶은
아슬아슬한 생의 포즈가
텔레비전 속에 있다

란제리 쇼,
텔레비전은 밤새도록
옷을 벗는다

벗겨도 벗겨도
다 벗길 수 없는
겹겹의 생이
뜬눈으로
밤을 지새운다

인간은 부정을
감추기 위해서
옷을 입고,

텔레비전은 부정을
감추기 위해서
옷을 벗는다

호모 텔레비전 사피엔스 2

—백남준

고장 난 그가
르윈스키의 남자 앞에서
바지를 내렸다(1998)

비디오 플레이가 끝나자(2006),
사람들은
그의 시신 위에
꽃 대신
넥타이를 잘라 던졌다

그는
텔레비전 속에
묻혔다

무덤 속에서도
그는
여자의 몸을 두드리며

섹스*를 한다(1967~)

텔레비전은
죽어도 잠들지 않는다

---

* 백남준과 샬롯 무어만(Charlotte Moorman)의 〈오페라 섹스트로닉(Opera Sextronique)〉.

호모 텔레비전 사피엔스 3

저녁이 왔고,
아무도 입을 열지 않았다

소년은
텔레비전 속으로 들어가
말문을 걸어 잠갔고,

소녀와 아버지는
말이 철철 흘러넘치는
거실에 앉아
아무 말이 없었다

누구도 선불리
말을 편들지 않았으므로,
또한 그 누구도
쉽게 절망하지 않았다

멸치

여자는 가끔
좌판 됫박 위에 솟은
피라미드 구조 위로
멸치를 집어 올린다
집어(集魚), 자꾸
집어 올려도
결국 꼭대기에
오를 수 있는 건
한두 마리의
굽은 등짝뿐이다
나머지는 우르르,
생의 저변으로
끊임없이 무너져 내린다
집어도 집어도 남아도는
멸치들, 좌판 위에서
멸시를 견디고 있다

제 3 부

인천

후배가 인천에서 죽었다

취한 밤, 죽은 후배를 만나기 위해 주안 지나 인천 간다. 밤의 종점에 내려 타버린 향과 함께 두 번, 어린 상주 앞에서 한 번 무릎 꿇는다. 붉은 등 서성이는 중국인거리를 가로질러 바다에 닿았을 때, 서해를 건너와 끊임없이 인천에 상륙하는 거대한 눈발을 보았다. 비릿한 이생의 연안에 쏟아지는 억겁을 뚫고 아, 너는 바다 건너 홀로 적진으로 떠났구나. 잔설과 욕설이 날리는 포장마차에 앉아 소주를 마시다 느닷없는 눈발의 일격을 받는다. 그래, 가고 나면 다시 올 일 없겠지. 생이여, 항복이다. 머리에 백기를 꽂은 채 우리는 하나둘 택시 정류장을 향해 손 흔들며 투항했다.

비글호, 비굴호

목요일, 날씨는 비

섬에 내린 지 40년이 지났다. 40년 동안 아무 일 없었다는 것은, 날개가 퇴화한 코바네우*와 나의 유전적 특성이 비슷하다는 것을 말해준다. 날아갈 필요가 없어진 새처럼, 자유에 대한 열망이 사라진 내 가슴도 점점 차갑게 변해갔다. 어떻게든 살아남기는 할 것이다.

월요일, 흐리고 비

먹이를 이용해 새들을 길들였다. 떼 지어 다니는 갈라파고스펭귄이 말을 듣지 않을 때, 나는 먹이를 주지 않았다. 그러자 그들은 순순히 내 말을 듣기 시작했다. 떼 지어 몰려다니지도 않았으며, 무리의 리더가 알아서 통제했다. 코끼리거북마저도 새가슴으로 변해갔다.

목요일, 다시 비

비가 그치지 않는다. 코바네우는 날개를 말리지 않아도 되었고, 나에겐 비굴호가 있었다. 비에 젖은 새들이 죽어갔지만, 그것은 어디까지나 주변 환경에 적응하지 못한 유전자 탓. 나는 그러한 현상을 적자생존이라고 명명했다. 그 누구도, 더 이상 내리는 비를 탓하지 않게 되었다.

---

* 가마우지.

용호동*

비탈에 들러붙은 집들이
바다로 뛰어들 것만 같았다

화물선들은 날마다
나라 밖으로
관(棺)짝 같은 컨테이너를 실어 날랐고,
사람들은
갑판 같은 평상 위에 걸터앉아
숟가락으로 노를 저었다

용호동,
벼랑가 텃밭에
절박하게 매달린 호박
한 덩이를 기억한다
하필,
벼랑 끝에 날
심어놓을 게 뭔가

호박처럼 바다를 향해
꿇어앉은 집들이
더는 떠밀리지 않겠다는 듯
모두 산 쪽으로
기울어 있었다

가끔
절벽 아래로 눈 감은
새들이 뛰어내렸다

바다와 바닥은
서로
다른 말이 아니었다

---

* 부산광역시 남구 용호동.

음악처럼

이별하는 사람들에게
레퀴엠을 들려주고 싶어
조금은 서글프고
북처럼 가슴 치는 음악으로
떠나가는 사람의 발길을
무겁게 만들어주고 싶어

싸움질하는 사람들에게
탱고를 들려주고 싶어
때론 끌어당기고
때론 밀어내지만
음악이 멈출 때까지
잡은 손 놓지 않는
탱고 춤을 추게 하고 싶어

죽어가는 사람들에게
재즈를 들려주고 싶어

산소 호흡기를 떼어내고
마지막 숨을 들이켤 때,
은은한 트럼펫 소리를
폐부 깊숙이 불어
넣어주고 싶어

술래와 순례

창백한 유령들을 싣고
순환선 기차는 지하를 돌고 돌다
다시 무덤으로 돌아오네

밤,
지하 을지로입구역

영하의 세상 등지고
을(乙)자로 누운 사람들
신문지에 착 달라붙은 채
귀밑으로 흘러내린 어둠
머리끝까지 끌어당기네

두 번 다시
들키는 일 없었으면 좋겠다고
어떤 이는 아주
눈을 감아버리지만,

죽음의 술래에게
들키지 않을 인간은 없다네

마지막 술잔을 비우고
레일 위에 드러누운
순례자의 잠이여,
막차와 함께 순장되는
순례의 종말이여

가족 도감 1

—베트남 엄마

엄마는 귀화식물,
주로 시골에 사는
여러해살이풀이다

원산지는 베트남,
겁이 많고
키가 작다

한국 전역의
산과 들에 피어나지만
엄마는 한국말이 서투르다

꽃말은 안녕하세요,
몸은 질기고
열매는 검붉다

가슴속 씨방에는

원산지에서 따라온
그리움이 멍울처럼
뭉쳐 있다

가족 도감 2

—아버지들

아버지,
당신들은 갑자기
집에 돌아오지 못할 것이다

1

날 저문 강변, 시름에 잠긴 아버지는 삽자루를 깔고 앉은 채 집에 갈 생각을 하지 않았다. 어린 나는, 오로지 밤늦도록 아버지를 기다리고 있을 엄마 생각뿐. 환한 달빛 아래 춤추던 나는 풀잎처럼 휘어져 힘없이 꼬리를 감추는 아버지 오줌발을 오래도록 바라보았다. 부르르, 풀잎이 몸을 떨었다.

2

이모부는 전쟁터에서 한쪽 팔과 다리를 잃었다. 취할 때마다 남겨진 한 손으로 키 작은 이모의 머리채를 휘어잡고 흔들었다. 혼비백산, 민들레 꽃씨가 사방으로 흩어졌다. 달을 지나는 구름이 맨발로 뛰쳐나온 이모를 몰래 숨겨주기도 했다. 의심 많은 외다리 꽃대는 시들망정 죽지도 않았다.

3

아버지 무덤 앞에 설 때마다, 엄마는 조금만 기다리라고 혼잣말을 했다. 그 말은 거짓말처럼 들리기도 했지만, 지키지 못할 약속은 아니었다. 엄마의 약속이 지켜지는 날, 흩어진 자식들 모처럼 한자리에 모여 사나흘 밤낮 어미 곁에 머물다 뿔뿔이 흩어질 것이다.

산책

처마 끝 풍령에
가는 비 내린다
바람이 종의 가슴을 칠 때마다
겨우 터지는 짧은 탄식,
젖은 소리는
멀리 가지 않는다

어느 별의 부속인 우리는
죽은 뒤에도
움직임을 멈출 수 없다
어둠에 속한 생은 고독하고,
누구나 한 번은
위독해진다

저녁 어스름과 함께
내려앉는 생몰연대,
죽음은

서글픈 불문곡절이다

너와 나,
단 한 번의 조우를 위해
끊임없이 어긋나고 있는지도
모를 일이다

구제역

독감에 걸렸다는 이유로, 암에 걸렸다는 이유로, 가족 중 누군가 중병에 걸렸다는 이유로, 비만하다는 이유로, 당뇨병에 걸렸다는 이유로, 치료비가 없다는 이유로 누군가 당신을 묻기 위해 야산으로 끌고 간다고 생각해보십시오.

그런 일 없다고 믿고 싶겠지만, 이미 많은 사람들이 끌려갔거나 혹은 자진해서 야산 자락의 구덩이를 향해 걸어가고 있습니다.

문장

성기로 아버지를 대필한다 의뢰인의 요구를 아주 무시할 수는 없으므로, 나는 얼굴이나 발가락을 구체적으로 묘사한다 써놓고 보니 닮은 것 같긴 하지만, 다시 쓰고 싶은 마음 때문에 이생이 불편하다

처음엔
어떻게 하면 아버지 문장을 닮아갈 수 있을까 고민하다가
지금은
어떻게 하면 아버지 흔적을 지워버릴 수 있을까 고민한다

제발 대필자의 마음을 헤아려달라고,
산 갈피에 아버지를 묻으며 거친 문장을 종결한다

닻

나이가 들면 누구나
정박 중인
배가 되어간다

온천 사우나,
바다도 육지도 아닌 곳에서
안락의자 같은 물결에
몸을 맡기며 그들은 다만
이제야 거친 생의 닻을
내렸을 뿐이라고 말한다

무거운 눈꺼풀이 수면 아래로
가라앉았다, 다시 떠오른다
죄를 씻기 위해
씻고 다시 죄를 짓기 위해
그들은 미지근한 물 밖으로
머리만 내어놓은 채

탕 속에 몸을 담근다
육신의 닻인 성기가
바닥에 닿지도 못한 채
여린 물살에 힘없이 흔들린다

닻의 귀두가
닳고 닳았다
인간은,
너무 늙었다

한 잎의 무덤

강화도 전등사 뒤꼍
나무 두 그루
제 이름 대신
죽은 시인의 이름으로
불리며 살아간다

한 잎의 오규원 나무
그 옆에
춤추는 김영태 나무

나무가 된 시인들
나무처럼 말이 없다

새 두 마리
두두, 두두 노래하며
그늘 반 근 내려놓고 날아올라
불당(佛堂) 지나 서해 간다

집시의 시간

슬라브 사람들은
울면서도
춤을 춘다

거위와 무곡(舞曲)은
아이러니의 단골 메뉴,
사건은 언제나
무대 뒤에서 벌어진다

기적은
타인에게만 일어나는 사건,
신의 자리는
언제나 객석이다
그것도
맨 앞자리에 앉아서
인간의 불안을
연출한다

마네킹

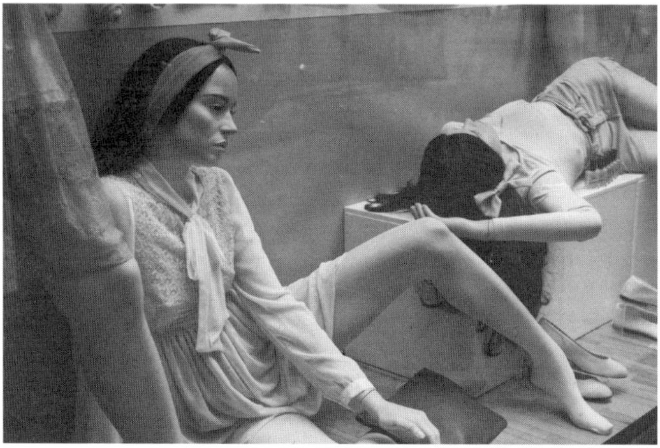

우울하다고
누구나 울 수 있는 건 아니다

그러니까,
당신은 나에게 돈을 삽입하고 싶은 거야
사랑이 아니라
자랑을 내 몸속에 넣고 싶은 거지

내가 사랑스러운 거니?
네가 자랑스러운 거니?

비둘기처럼 다정한

서울은 아늑한 유배지,
당신은
감시당하는 줄 알면서도
은밀하게 교미를 즐기고
허무한 사랑을 번식한다

쓰레기 더미 속에서
밥알을 캐내던 누군가
돌에 맞아 죽어갈 때도
당신은 모르는 척
뒷짐 진 채
잰걸음을 옮긴다

정든 유배지에서
당신은
꽃잎처럼 떨어지는
과자 부스러기를 향해

필사적으로 몸을 날린다
그리고

차에 치인 순간,
비로소 당신은
피 묻은 날개를 퍼덕이며
공중으로 날아오른다

제 4 부

와중

아픈 사람들,
많은 아픈 사람들

느끼면 아프고
모르면 아프지 않은 것

소멸,
그 와중에
우리가 잠시
머물다 가는 것일 뿐

너는 사라지고,
나는 살아지고

당귀

당귀를 달이는 밤,
당연히 돌아간다는
당귀의 뜻을 생각한다

죽음이라는
마지막 처방전을 받아 들고
슬픔 한 사발 들이켜며
다시 처음으로
돌아가는 사람들

약봉지에 적힌 이름이
살아남아야 할 저마다의
변명이 되고 불치의
병명이 되느니,

쓸모없어라 헛된 복용법,
우리는 미처 삼키지 못한

얼마간의 생을 남겨둔 채
약봉지처럼 구겨져
간단히 불 속에 버려진다

자소상

—권진규

비 맞은 사내 얼굴에
이끼가 낀다
그늘 아래
죽은 돌이 젖어
어김없이
이끼가 낀다

사랑에 빠진 눈은
비에 젖을수록
반짝이며 빛나지만,
절연에 지친 눈은
저녁 구름만 봐도
질척거린다

권진규의 마른 몸이
벽에 걸린 홑바지처럼
목이 졸린 채

허공을 딛고 있다

작업실 한구석,
가사를 걸친
그의 자소상이
정제*를 부르며 속으로,
속으로 울고 있다

---

* 조각가 권진규가 사랑했던 여자 이름.

우물

사람을 죽여 우물에 집어넣었다는
이야기를 들었다

불어터진 누군가의 등짝이 두레박과 함께
둥근 달처럼 떠올랐다고 했다

우물 속을 들여다볼 때마다
달을 삼켜버린 우물의 깊이가 궁금했다

어느 겨울, 청소를 하기 위해
누군가 우물 속으로 들어갔다

물을 길어내자 바닥이 드러난 우물은
생각처럼 깊지 않았다

에계계,
겨우 이 정도 깊이였단 말인가

우물 속은 갑자기 텅 비었고,
두려움의 끝은 허무했다

의심하게 되면
바닥을 보게 마련이다

나는 무엇을 보고 싶었던 것일까,
허무가 저절로 우물에 고이기 시작했다

시인의 손

정전, 갑자기 불이 꺼지면 당신은 손으로 벽면을 더듬거리며 전원 스위치를 찾는다. 어둠 속에서, 눈은 아무런 의미가 없다. 아니, 눈을 감아버리는 것이 오히려 손을 도와주는 일인 것처럼, 당신은 아예 눈을 감기도 한다. 눈을 감으면, 감은 눈 속에서 불이 켜진다.

시를 쓰는 일은, 불 꺼진 가슴속을 더듬어 시의 스위치를 찾아내는 일이다. 일생 동안 언어의 빈 벽을 더듬는 일이다. 시의 스위치는 처음부터 존재하지 않았기에, 시 쓰기란 결국 눈을 감고 심안(心眼)으로 보는 일이다. 망막 속에서 명멸하는 한 줄기 빛을 찾아내는 일이다.

시인의 손은 사물의 형상과 내면을 어루만진다. 누에가 실을 뽑아내듯, 시인은 손끝에서 시를 뽑아낸다. 누군가의 손을 잡아주는 손, 누군가의 뺨을 어루만지는 손, 술잔을 주고받지만 술은 마시지 못하는 손, 합심하여 기도하는 손, 사랑하는 이를 끌어안는 손, 그러나 자신을 끌어안지는 못하는…….

세상의 그 모든 것을 만질 수 있으나, 시가 아닌 그 어느 것 하나 가질 수 없는 시인의 손.

흠집

이가 깨져 대문 밖에 버려진 종지에
키 작은 풀 한 포기 들어앉았습니다
들일 게 바람뿐인 독신,
차고도 넉넉하게 흔들립니다
때론,
흠집도 집이 될 때가 있습니다

물집

선운사 대웅전 앞
배롱나무 관절을 어루만지다
멍든 당신 복숭아뼈를 생각했습니다

날 저문 산길
부어오른 복숭아뼈를 만지던
내 마음도 그만
쓸리고 접질렸던 것인데요

허리 숙여 절을 할 때,
물집 같은 당신 얼굴
슬며시 제 등에 업히더군요

의자

당신이 평생 무언가를 기다려야 한다면,
그것은 죽음밖에 없다
사형수의 전기(傳記)는
의자 위에서 완결되고,
의자는 언제나 뱃속이 비어 있다

당신은 의자 위에서
모든 시간을 보내지만,
의자와 함께할 수 있는 시간은
그리 많지 않다
의자 위에서 언제나 혼자였으므로,
당신은 쓸쓸한 것과
지루한 것의 경계를 모른다

의자는 오늘을 살아가는
한 사람의 영역이다
당신의 엉덩이는

일종의 구름 같은 것이어서,
무거워 보이지만 한없이
가벼운 고뇌를 누르고 앉아
오후 내내 의자 위를 떠다닌다

의자는 무릎 꿇지 않는다
다만,
무릎 꿇고 기도하는 당신의 팔꿈치를
기꺼이 받쳐준다

의자는
당신이 오를 수 있는 가장 높은 곳이며
당신이 숨을 수 있는 가장 깊은 곳이다

병산 행간

그대 나이 드는 일 못내 서럽고, 오늘 살림 형편 억울하다 느껴진다면, 어느 바람 좋은 날 하루 홀랑 빚을 내 병산서원엘 다녀오시라.

여직 비포장 길 툴툴거리며 지났거든, 알게 모르게 나이를 먹은 것처럼, 배롱나무 꽃 수작질 슬몃슬몃 받아넘기며, 어느새인지 저도 모르게 만대루에 오르시라.

두서없는 분투의 시절 뜬금없이 지났다는 생각마저 들거들랑, 강 건너 일곱 폭 청산 병풍만 접었다 폈다 만지작거리질 말고, 가만 누마루 계단 밟고 내려와 스물네 개 늙은 기둥을 만나보시라.

발 없는 강물이 저녁 산 그림자를 끌고 길게 흘러가느니, 하나같이 주름져 갈라지고 이지러졌으나 석양 만(萬) 근 떠받치며 묵묵히 세월 속으로 걸어 들어가는 기둥과 기둥 사이, 침묵의 행간(行間)을 읽어보시라.

빗방울 화석

사랑한다면
눈물의 출처를
묻지 마라

정말로 사랑한다면
눈물의 출처를
믿지 마라

암 병동

병실의 침묵에 대하여,
병자의 기도를 지나치는
서글픈 안도에 대하여

타인의 절망에 대하여,
그 절망을 대하는
우리들의 형식에 대하여,
내용 없는 형식에 대하여

간헐적인 동정,
그리고

공평한 것은 죽음밖에 없다는
지나친 낙관에 대해 생각하는
흐린 날의 오후 세 시

체르노빌

당신 죽은 뒤
누군가 당신 무덤 위에
꽃을 바친다 한들
무슨 소용이 있겠어요

당신 죽어갈 때
동병(同病)의 공포에 떨고 있는
방문자의 손길이
무슨 위로가 되겠어요

가까운 미래
당신 아이들이
핵(核)의 고통 속에서 살아간다면,
그때 당신의 자학 따위가
다 무슨 소용이 있겠어요

감기

숙주를 파고드는
병과 누워
함께 약을 먹는
밤은 쓰다

목에 걸린 알약처럼
삼킬 수도
뱉을 수도 없는 사람아
물 한 모금
눈물 한 모금
겨우 삼키며
너를 안고
너를 앓는다

누가 내 안에 들어와
기어이
사흘 밤낮을 울고 간다

무덤들

다정이란,
곁을 주는 일이다

존재의 부재,
당신

에필로그

의사는 죽음을 잘 안다고 말했다. 말기(末期)라며, 안됐지만 99퍼센트는 죽은 거나 다름없다고, 더 이상 진통제를 놓아주지 않았다. 그 말 들렸는지 호스피스 병상 위 아직 살아 있던 목숨 1퍼센트, 주르르 눈꼬리를 타고 힘없이 흘러내린다. 얼굴 뒤편으로 사라지는 눈물 한 방울의 속도로, 아픈 별 하나 조용히 눈을 감는다.

박제에 불어넣는 숨결, 각혈 빛깔 자목련을 꽃병에 꽂는 마음

홍기돈 문학평론가

1. 격렬과 비열 사이에 놓인 적자생존의 현실

박후기 시인이 표제작으로 내세운 「격렬비열도」의 전문은 다음과 같다. "격렬과/비열 사이 // 그/어딘가에/사랑은 있다". 이를 온전하게 이해하기 위해서는 아마도 다음과 같은 명제를 전제해야 할 것이다: '격렬과/비열 사이 // 비굴한 삶이 있다'. 왜 그러한가. 시집 『격렬비열도』의 전면을 차지하는 것은 살아남기 위해 감수해야만 하는 굴욕감이기 때문이다. 예컨대 시 「비둘기처럼 다정한」을 보자. 여기서 비둘기는 평화니, 사랑이니 하는 상징과 아무런 연관이 없다. "쓰레기 더미 속에서/밥알을 캐내던 누군가/돌에 맞아 죽어갈 때도/당신은 모르는 척/뒷짐 진 채/잰걸음을" 옮기는 모습에서 타인의 상처에 무관심한 행태가 드러나며, "꽃잎처럼 떨어지는/과자 부스러기를 향해/필사적으로 몸을" 날리는 데서는 조그만 이익('과자 부스러기')을 두고 아귀다툼도 불사하는 면모를 확인할 수 있다. 시인의 눈에 비친 당신의 모습은 그러하다.

도심의 공원과 광장을 배회하는 비둘기들은 더 이상 날아오르려 하지 않는다. 그래서 생겨난 신조어가 '닭둘기'다. 당신이 닭둘기처럼 살아간다면, 시인은 스스로를 섬에 갇힌 코바네우(가마우지)로 인식하고 있다. 닭둘기와 유배된 코바네우의 공통점은 날개가 퇴화했거나, 퇴화하고 있는 과정이라는 사실이다.

목요일, 날씨는 비

섬에 내린 지 40년이 지났다. 40년 동안 아무 일 없었다는 것은, 날개가 퇴화한 코바네우와 나의 유전적 특성이 비슷하다는 것을 말해준다. 날아갈 필요가 없어진 새처럼, 자유에 대한 열망이 사라진 내 가슴도 점점 차갑게 변해갔다. 어떻게든 살아남기는 할 것이다.

월요일, 흐리고 비

먹이를 이용해 새들을 길들였다. 떼 지어 다니는 갈라파고스펭귄이 말을 듣지 않을 때, 나는 먹이를 주지 않았다. 그러자 그들은 순순히 내 말을 듣기 시작했다. 떼 지어 몰려다니지도 않았으며, 무리의 리더가 알아서 통제했다. 코끼리거북마저도 새가슴으로 변해갔다.

목요일, 다시 비

비가 그치지 않는다. 코바네우는 날개를 말리지 않아도 되었고, 나에겐 비굴호가 있었다. 비에 젖은 새들이 죽어갔지만, 그것은 어디까지나 주변 환경에 적응하지 못한 유전자 탓. 나는 그러한 현상을 적자생존이라고 명명했다. 그 누구도, 더 이상 내리는 비를 탓하지 않게 되었다.

_「비글호, 비굴호」 전문

여기 언제나 비가 내리는 섬이 있다. 어느 시점까지 시인은 자유에 대한 뜨거운 열망을 품었으리라. 열망이 사라져서 가슴이 식었다고 하였으니 그 이전에는 응당 뜨거운 열망이 있어야만 한다. 날개가 퇴화해버린 코바네우도 한때는 그 날개로 하늘을 제압하며 날아다녔을 것이다. '격렬'이 하강하는 빗줄기를 뚫고 위로 날아오르려는 방향성 속에서 표출되는 감정인 반면, '비열'은 주어진 조건을 운명인 양 기꺼이 수락하는 데서 빚어진다. 비열의 편으로 기울어진 스스로를 토로하는 이 시는 주제 의식으로만 따지자면 「비둘기처럼 다정한」과 다를 바 없다. 비에 젖은 새들의 죽음을 적자생존 논리로 합리화하는 것은 타인의 상처에 무관심한 행태와 그대로 겹쳐지며, 먹이로 길들여지는 모습은 필사적으로 '과자 부스러기'에 몸을 던지는 모습과 일치하기 때문이다.

「비둘기처럼 다정한」도 그러하고 「비글호, 비굴호」에서의 '나'도 그러하니, 상승을 가로막는 비가 멈출 리 없으며, 내리꽂는 빗줄기 속에서 우리는 비굴한 삶을 이어갈 수밖에 없다. 그래서 「용호동」의 집들은 바다로 밀려나지 않기 위해 모두 "꿇어앉"아 있으며, 「닻」의 경우에는 나이 드는 일이 더 이상의 움직임을 포기해버리는 과정으로 나타난다. "나이가 들면 누구나/정박 중인/배가 되어간다". 의식이 깨어 있는 자는 스스로 자조할 줄이라도 안다. "어차피 우린 피도 눈물도 없는 몸"이니 "서울이라는 도시에서 살아남기 위해서," 우리는 "스스로 눈을 찔러 눈먼 자가 되었다"(「눈먼 자들의 도시」)라는 진술이 이에 해당한다. 하지만 "느끼면 아프고/모르면 아프지 않은 것"(「와중」). 그러니 "자기가 박제인 줄도 모르고 살아가는 인간들"(「박제사들」)은 인간의 아픔을 모르며, 아픔을 모르는 까닭에 비굴한 삶을 당연하게 끌어안을 것이다. 눈먼 자들과 박제들이 뒤엉켜 있으니 이 세계는 상황을 타개할 만한 출구가 봉쇄되어버린 셈이라고 할 수 있겠다.

나아갈 길이 없을 때 인간은 신을 떠올리곤 한다. 시인은 삶의 비극적 현장 뒤로 숨어버린 신을 호명하는 데 머물지 않고, 무대 뒤편에서 그러한 현실을 연출하는 자로 신을 지목하는 데까지 이른다. "기적은/타인에게만 일어나는 사건,/신의 자리는/언제나 객석이다/그것도/맨 앞자리에 앉아서/인간의 불안을/연출한다"(「집시의 시간」). 신마저 적자생존의 합리화에 가담하는 형편이니 이로써 남는 것은 다음과 같은 명제일 수밖에 없다: '격렬과/비열 사이//비굴한 삶이 있다'. 『격렬비열도』는 '나'와 당신이 살아내고 있는 비굴한 삶에 대한 자조로부터 쓰이기 시작한 시집이다.

2. 죽음 의식의 사회학: 고여서 썩고 있는 한국 사회의 징후

정체되어 변화가 없는 세계는 죽음의 방향으로 어느 정도 내려앉게 마련이다. 활력이 결핍된 까닭에 그러할진대, 『격렬비열도』에서도 그런 면모를 확인할 수 있다. 시 「간」과 「동백, 대신 쓰는 투병기」에는 아버지와 형의 죽음이 언급되고, 「인천」에서는 후배의 죽음이 드러나며, 「다른 이름으로 저장하기」는 동료 시인의 죽음에 관한 시편이다. 「한밤의 조문」은 조문 갔다가 화장실에서 본 신장 판매 낙서를 다루고, 「시인들」은 요절한 일본 시인 이시카와 다쿠보쿠를 매개로 삼으며, 「우리들의 중세」에서는 "산 채로,/인간을 매장하던" 세월호 참사의 충격이 배어난다. 이외에도 죽음 언저리의 상황을 다룬 「암 병동」과 「에필로그」, 짐승 몰살의 야만성을 비판하는 「구제역」까지 포함한다면 ㉠'죽음과 직접 연관된 시편'의 양은 결코 적지 않다.

그와 더불어 ㉡'죽음의 가치가 삶의 현장을 포위하는 상황'도 심심찮

게 확인된다. 「와중」에서의 삶은 "소멸,/그 와중에/우리가 잠시/머물다 가는 것일 뿐"이며, 이는 「동백, 대신 쓰는 투병기」에서 "산다는 게 죽음의 둘레만 빙빙/돌다 가는 일인지도 몰라"로 변주된다. 서울 지하철 2호선을 일러 "창백한 유령들을 싣고/순환선 기차는 지하를 돌고 돌다/다시 무덤으로" 돌아온다고 했으니 「술래와 순례」에서의 삶은 '무덤-지하-무덤' 사이의 한 과정일 따름이고, 산 자는 유령과 같은 존재가 된다. 또한 "당귀를 달이는 밤,/당연히 돌아간다는/당귀의 뜻을" 생각하는 「당귀」에서는 죽음을 향해 나아가는 삶의 방향성이 부각된다. 지하 술집을 카타콤(=현실)이라 여기면서 "죽음은, 얼마나 지루한 시간의 반복을 건너는 일이나!"(「시인 클럽」)라고 토로할 때, 카타콤에서의 삶은 숫제 죽음에 들러붙어버린 양상이기도 하다.

아마도 박후기는 『격렬비열도』에 묶일 시편들을 써 내려가는 동안 여기저기서 날아드는 부고장을 받아 들었을 것이다. 1968년생이니 시끌벅적한 결혼식 소식은 잦아들고, 그를 대체하여 조문으로 바빠질 나이에 이르지 않았는가. ㉠부류의 시편들은 그와 상관되며, 사회적인 문제로 떠오른 심각한 사건들도 여기 함께 엮일 터이다. 이는 삶의 근거를 뒤흔드는 데로까지 이어져서 ㉡과 같은 삶-죽음에 대한 인식으로 나아가게 된 것으로 보인다. 기실 고개를 돌려 주위에 펼쳐진 삶의 면면을 살펴보면, ㉡에 드러나는 인식이 근거가 없는 것처럼 판단되지는 않는다. 오히려 사실에 부합한다고 여기는 편이 타당할지도 모른다. 제2부에 묶인 대부분의 시들이 이를 보여준다. 이들은 마치 하나의 쌍처럼 죽음의 질서와 상동 관계를 이루는 ㉢'출구 없는 삶의 질서를 확인시켜주는 면모'로 다가온다.

아르바이트를 하는 소녀 앞에는 "이미 바코드로 찍혀 있는,/바꿀 수 없는 앞날"(「아르바이트 소녀」)만이 펼쳐져 있다. 「피자 배달 소년 표류기」에 따르면, 배달 소년은 항상 어디로든 바쁘게 옮겨 다녀도 "돌아오면 언제나 같은 자리"일 따름이다. 앞에서 소녀는 "가끔은 내가/아르바이트를 하러 이 세상에 온 것 같아요"라고 중얼거리며, 소년은 "길을 막는 택시를/뛰어넘을 수는 있어도/가난을 뛰어넘을 수는 없다"고 토로한다. 이미 결정되어 있다는 측면에서 보건대, 이들의 삶은 ㉡의 「와중」, 「당귀」에 나타났던 인식, 즉 소멸·죽음 방향으로 고착된 삶의 확인이라 할 수 있다. 삶이란 죽음의 주위만 빙빙 돌다가 가는 일이라는 ㉡ 「동백, 대신 쓰는 투병기」, 「술래와 순례」에서의 인식을 증명하려는 듯, 「복서 2」의 실업자인 '아들 3'은 "나비처럼 날아도 벌처럼 쏠 데가" 없는 까닭에 "오늘도 집 안을 겉돌며 눈치만" 살피고 있다. 삶의 근거로 파악해야 할 '집 안'을 겉도는 아들 3은 삶 속에 뿌리 내리지 못하는 셈이 되고, 이러한 삶은 결국 죽음 주위를 빙빙 도는 행위에 불과하다는 것이다. "아웃사이더가 되어/고장 난 인공위성처럼 지구를 겉돌"고 있다는 「복서 연대기」의 아들 역시 마찬가지다. 이처럼 『격렬비열도』에는 삶의 질서 내부로까지 죽음 의식이 범람한다.

죽음 의식의 범람에서 읽어낼 수 있는 것은 우리 사회에 널리 유포되어가는 어떤 징후이다. 장강의 앞 물결은 뒤 물결이 밀어낸다고 했다. 이는 낡고 타락한 세대는 변혁을 지향하는 새로운 세대에 의해 교체되는 게 순리라는 의미라 파악할 수 있다. 그런데 순리에 따른 진행이 이루어지지 못할 때 사회는 정체되어 한데 썩어갈 도리밖에 없다. 시인이 드러내는 죽음 의식이란 우리 사회가 썩어가면서 풍기는 악취에 대한 경고이다. 그런 점에서 시인이 소녀, 소년, 아들 등 미래 세대의 목소리로 삶의 질서를 고발하는 대목은 성공적으로 다가온다. 이미 목소리를 내지 못하게 된 아이들에 대해서 시인은 다음과 같이 써 내려간다. 돌이켜 세월호 참사를 생각하건대, 죽음 의식은 다만 징후 형태에 머무는 것이 아니라, 이 사회의 작동을 가능케 하는 동력이 되어 있는지도 모르겠다.

맨 처음,
죽은 자의 무덤에 돌을 얹고자 했던
인간의 마음을 헤아린다

가슴에 무거운 돌을 얹었으니,
더 이상 죽음을 피해
달아나지 말라는 당부였을까?

가슴에 돌처럼 무거운 손을 얹으며,
교황은 아침 늦게 광장에 도착했다

교황이 머문 며칠 동안
해가 지지 않았으나,
어둠 또한 사라지지 않았다

성문은 굳게 닫혀 있었고,
성의 여왕은 말문마저 닫은 채
연대기적 패륜의 완성에 몰두했다

소년 소녀들은 제물이 되어
바닷속으로 던져졌고, 그들은
다시는 집으로 돌아갈 수 없었다

딸을 잃고 말을 잃은
한 소녀의 아버지가 광장 구석에서
돌베개를 베고 미라가 되어갔다

여왕의 힘센 정부는 소문대로
그녀의 임시정부였으므로,
무너지는 나라 안에 검은 음모만 무성했다

산 채로,
인간을 매장하던 시절이 있었다

_「우리들의 중세」 전문

3. 아버지-되기의 힘겨움: 비굴호는 왜 저리 커다란 것일까

『격렬비열도』에서 확인할 수 있는 또 하나의 특징은 아버지-되기의 힘겨움이다. 시 「간」에는 시인의 가족사가 언뜻 드러난다. 아버지는 간이 좋지 않아 오랜 기간 자리보전을 한 듯하다. 엄마는 "간에 닿기 위해/먼 거리를 돌아가야" 하는 피(血)를 보내는 심장처럼 언제나 "두근두근 울먹울먹/혼자만" 서둘렀고, 자식들은 "변두리 혈관을/돌고 돌지만" 집 밖을 떠돌 뿐이었다. 더구나 "죽은 아들은/아버지 몸속에서/그대로 죽은피가" 되어버리기도 했다. 「복서 2」는 이 위에 겹쳐서 읽을 수 있다. 이 시에는 아들 1과 아들 3이 등장할 뿐, 아들 2는 나타나지 않는다. 존재가 지워진 아들 2는 「간」에 등장하는 '죽은 아들'이 아닐까. 이 시에서도 아버지는 드러누운 상태로 제시된다. "아버지가 녹아웃된 후" "꼭

두새벽 집을 나서는" 엄마는 "장갑을 끼고 매일/지옥의 링 위로" 오른다는 진술이 여기 해당한다. 그렇다면 성장 과정에서 시인은 아버지의 자리가 어떠한 무게를 차지하는지 절박하게 체감하지 않았을까. 엄마의 대칭임에도 불구하고 시인이 아빠를 굳이 아버지라고 표현하는 데서 이러한 예상은 나름의 근거를 얻을 수 있다. 아버지는 감당하지 못하는 방식으로 역할의 무게를 막중하게 환기시켰던 것이다.

「비글호, 비굴호」에는 다음과 같은 진술이 포함되어 있다. "나에겐 비굴호가 있었다." 날개가 퇴화해버린 코바네우 모양으로 시인이 비상의 꿈을 접어야 하는 까닭이 바로 비굴호였다. 아버지의 자리가 어떤 역할을 감당해야만 하는지 인지하는 수준과 비례하여 가장으로서의 사내에게는 비굴호가 더욱 크게 느껴질 수밖에 없다. 비상에의 욕망은 번번이 비굴호의 규모와 무게 앞에서 좌절할 따름이다. 그럼에도 불구하고 가볍게 비상하고 싶은 욕망이 고개를 치켜들어 아버지의 자리가 감당해야 하는 무게감과 충돌할 때 호버링(hovering)이 일어난다. "호버링,/땅 위에 주저앉지도 못하고/하늘 멀리 날아갈 수도 없는/어정쩡한 나이가 있다 // 정중동(靜中動)의 사내여,/서러운 공중부양이여/서글픈 가족부양이여"(「호버링」).

아버지의 자리를 물려받아 그곳에서의 삶을 대필한다는 내용의 「문장」 역시 마찬가지다. 시인은 어느덧 자식을 얻어 아버지가 된 상황을 "성기로 아버지를 대필"하기에 이르렀다고 쓴다. 대필(代筆)이란 대신 쓰는 일이기에 온전히 자신의 목소리만을 내세울 수 없다. 그렇다고 아버지의 자리를 꿰찬 마당에 자신의 목소리를 완전히 지워버릴 수도 없다. 아버지의 흔적 되새기기와 지우기의 갈등은 그래서 벌어지게 된다. "처음엔/어떻게 하면 아버지 문장을 닮아갈 수 있을까 고민하다가/지금은/어떻게 하면 아버지 흔적을 지워버릴 수 있을까 고민한다". 고민이 길어진들 해결되기는 만무한 노릇. 그래서 시인은 다음과 같은 당부로 마무리한다. "제발 대필자의 마음을 헤아려달라고,/산 갈피에 아버지를 묻으며 거친 문장을 종결한다".

이미 아버지와 영원한 별리를 고한 바 있기에 박후기는 그러한 내면의 갈등이 영원하지 않으리라는 사실을 아는 듯하다. 그래서 그는 「가족 도감 2」의 앞을 다음과 같이 펼쳐놓았다. "아버지,/당신들은 갑자기/집에 돌아오지 못할 것이다". 누구도 여기서 예외일 수는 없다. 어린 아들에게 "풀잎처럼 휘어져 힘없이 꼬리를 감추는" 오줌발을 보이던 아버지도 그러했고, 아내의 "머리채를 휘어잡고 흔들"어댄 의심 많던 이모부도 그러했다. 하지만 그래도 아버지의 자리는 당분간 남아 있다. 어차피 다시 "뿔뿔이 흩어질" 테지만, 무덤의 형태로 남은 그 자리는 "흩어진 자식들 모처럼 한자리에" 모아낼 수도 있는 것이다. 그 옆은 물론 엄마가 차지한다. "아버지 무덤 앞에 설 때마다, 엄마는 조금만 기다리라고 혼잣말을 했다". 비굴호를 이끄는 선장의 행로는 이렇듯 분명하다. 마지막 순간을 넘어서고도 커다랗게 펼쳐진 자리가 아버지의 위치이다.

4. 시 쓰기, 심안(心眼)으로 보는 일

격렬과 비열 사이의 비굴한 삶 어딘가에 사랑이 있기는 한 것일까. 그리고 이를 찾을 수는 있을 것인가. 박후기는 자신이 시인이라는 사실로부터 그 가능성을 길어 올린다. 그는 시작(詩作)의 의미를 다음과 같이 규정한다. "시 쓰기란 결국 눈을 감고 심안(心眼)으로 보는 일이다. 망막 속에서 명멸하는 한 줄기 빛을 찾아내는 일이다"(「시인의 손」). 여기서 '한 줄기 빛'이란 사랑의 대체어가 아닐까. 그래서 그는 세상의 밑바닥으로 밀려난 인물들을 말하면서도 그들에게서 이 세계와의 대결을 포기하지 않는 면모를 확인해간다. 가령 시 「중3」은 "나는 늘 궁금해하지/왜 모든 씨앗들은 숨죽이며/주먹을 말아 쥐고 있는가를" 이야기한다. 피자를 배달하는 소년은 마음 한쪽에 자신 앞에 펼쳐진 어둠을 전회(轉回)시키겠노라는 의지를 품고 있다. "속도는 내가 가진 최후의 아이템,/뜨거운 피자가 식기 전 나는/어둠과 눈발을 뚫고 쏜살같이 달려가/제야의 초인종을 울려야 한다"(「피자 배달 소년 표류기」). "사는 게/원정(遠征)"이라 여기는 사내의 옮겨 다니는 생활은 "주섬주섬 꾸려지는 생"으로 표현되지만, 그에게는 "꾸리자, 꾸리자/그러나/꿇진 말자고 말하는 감정이"(「원정」) 남아 있다.

아버지의 자리를 둘러싼 갈등이 해결 가능성을 마련해가는 것도 시인이라는 이름을 통해서다. 「박제들」을 보건대, 박후기 시인의 아버지는 생활의 편으로 기울어져 있었다. "자목련 한 그루가/주차장 담벼락에 입을 대고/피를 토한다 // 거봐,/꽃은 아무 곳에도 쓸모가 없어요/서울 사람들처럼,/꽃과 나무도 아예/박제로 만들어버려야 한다니까/—자기 몸을 스스로 박제하며 아버지가 말했다". 그렇지만 박후기는 그의 아버지와 달리 시인이다. 그것도 결핍을 아는 시인이다. 자목련 지는 광경에서 각혈을 떠올리고, 각혈에서 다시 시인의 자격을 되새길 줄 아는 이라는 것이다. 각혈을 가난의 상징으로만 여기는 자는, 격렬할 경우 선동가가 될 터이며, 비열할 경우 박제가 되고 만다.

스물여섯 살, 요즘 같으면 막 무언가를 시작할 나이. 이시카와 다쿠보쿠에겐 가난과 각혈로 얼룩진 생이 이미 끝나버린 때. 죽기 전, 힘겹게 구한 5엔을 손에 쥐고 밥을 먹는 대신 꽃집에 들러 1엔어치 목련과 1엔짜리 꽃병을 샀다는 시인.

목련과 선동가는 다르지 않습니다. 바닥에 떨어진 꽃잎과 선언을 다시 주워 담을 수 없기 때문입니다. 시인은, 다릅니다. 바닥에 떨어진 목련의 혈담(血痰)과 내려앉은 새들의 투병과 4월의 선동을 밥그릇보다 먼저 시라는 꽃병에 주워 담습니다.

그러나 결핍을 모르는 시인은 모자 속에서 시를 만들고 호주머니 속에서 악수를 준비합니다. 그러므로 밥이 되고 남은 것들이 겨우 시가 되기도 합니다.

_「시인들」 전문

따라서 "격렬과/비열 사이//그/어딘가에/사랑은 있다"라고 「격렬비열도」를 써 내려갈 때, 박후기는 시인의 자리를 떠올렸다고 판단할 수 있겠다. 이 위에서 표제작의 상징성을 떠올린다면, 격렬(선동가)로 나서지는 않되 비열(코바네우로서의 생활인)로 굴러 떨어지지 않으려는 의지가 『격렬비열도』를 관통하는 셈이다. 이는 "기약 없는 초대장을 들고/흔들면서 흔들리면서 바람 같은/시간을 소비하는 게 인생"이므로 "사랑 결혼 취업 재혼 개업/쉼 없이 이벤트를 벌여야 해/배알도 없이,/정신없이 흔들리면서 우리는"(「바람 인형」)이라고 자조하는 한편, 그럼에도 불구하고 "문 열지 않으면 문밖은 없어/문 열지 않으면 너밖에 없어/문 열지 않으면,/문을 열지 않으면//그러니까/징그럽게 눈 뜨고/힘닿는 데까지 살아야 해"(「동백, 대신 쓰는 투병기」)에 나타나는 것처럼 앞으로 나아가려는 태도 또한 포기하지 않을 때 가능해지는 세계이다.

아마도 이번에 상재하는 『격렬비열도』 다음번의 박후기 시 세계는 보다 따뜻할 것이다. 『격렬비열도』에는 격렬과 비열 사이에서 자신의 자리를 마련해가려는 정직한 고투가 두드러지는 한편, 이를 통하여 어느 정도 방향이 정해지는 양상이기 때문이다. 그 방향에 사랑이 있으리라고 시인은 말하니, 상처가 안식으로 전환하는 순간의 사랑을 떠올리는 시편으로 해설의 끝을 수습한다.

> 이가 깨져 대문 밖에 버려진 종지에
> 키 작은 풀 한 포기 들어앉았습니다
> 들일 게 바람뿐인 독신,
> 차고도 넉넉하게 흔들립니다
> 때론,
> 흠집도 집이 될 때가 있습니다.
>
> _「흠집」 전문

날은 저물어가고, 시는 아직 도착하지 않았어요.

시는 아직 도착하지 않아서, 나는 언제나 밤새도록 시를 기다리지요.

이울어가는 달이 나를 가만두지 않네요.

시여, 조금만 서둘러주세요.

새벽이 오면 달도 나도 사라지고 없을 테니까.

마음이 열리면 그 어떤 밀봉도 소용없다는 걸 아실 거예요.

나는 수줍게, 당신 앞에서 열리기 위해 또 한 권의 시집을 엮는답니다.

마음 놓고 잠든 적 없는, 나의 그 모든 절망들이여, 이젠 안녕히.

2015년 봄

박후기